# ¿Qué necesitan los seres vivos?

Elizabeth Austen

# Los seres vivos necesitan luz.

Los seres vivos necesitan alimento.

# Los seres vivos necesitan agua.

Los seres vivos necesitan aire.

Los seres vivos necesitan **espacio**.

Los seres vivos necesitan hogares.

Los seres vivos necesitan **protección**.

Los seres vivos necesitan otros seres vivos.

# ¡Hagamos ciencia!

¿Qué necesitan los seres vivos? ¡Intenta esto!

## Qué conseguir

- ❏ 2 flores en maceta
- ❏ 2 tazas de papel
- ❏ agua
- ❏ tierra

18

# Qué hacer

1. Planta las flores en las tazas. Colócalas en un lugar soleado.

2. Riega una taza cada día. No riegues la otra taza.

3. Después de unos días, ¿qué ves? ¿Hay alguna diferencia entre las flores?

# Glosario

**espacio**: un área vacía

**protección**: una cosa que mantiene algo seguro

# Índice

agua, 6–7

aire, 8–9

alimento, 4–5

espacio, 10–11

hogares, 12–13

luz, 2–3

protección, 14–15

# ¡Tu turno!

Observa algunas plantas. ¿Qué plantas tienen todo lo que necesitan? ¿Qué plantas no? ¿Cómo lo sabes?

## Asesoras

**Sally Creel, Ed.D.**
Asesora de currículo

**Leann Iacuone, M.A.T., NBCT, ATC**
Riverside Unified School District

**Jill Tobin**
Semifinalista
Maestro del año de California
Burbank Unified School District

### Créditos de publicación

Conni Medina, M.A.Ed., *Gerente editorial*
Lee Aucoin, *Directora creativa*
Diana Kenney, M.A.Ed., NBCT, *Editora principal*
Lynette Tanner, *Editora*
Lexa Hoang, *Diseñadora*
Hillary Dunlap, *Editora de fotografía*
Rachelle Cracchiolo, M.S.Ed., *Editora comercial*

**Créditos de imágenes:** págs.18–19 (ilustraciones) Rusty Kinnunen; todas las demás imágenes cortesía de Shutterstock.

2014008921

**Teacher Created Materials**
5301 Oceanus Drive
Huntington Beach, CA 92649-1030
http://www.tcmpub.com
**ISBN 978-1-4258-4627-5**
© 2017 Teacher Created Materials, Inc.
Printed in Malaysia
Thumbprints.42805